PRENEZ LE VOLANT

Livre a Colorier Adulte Jésus Edition

Coloring Bandit

Publié par Speedy Publishing Canada Limited

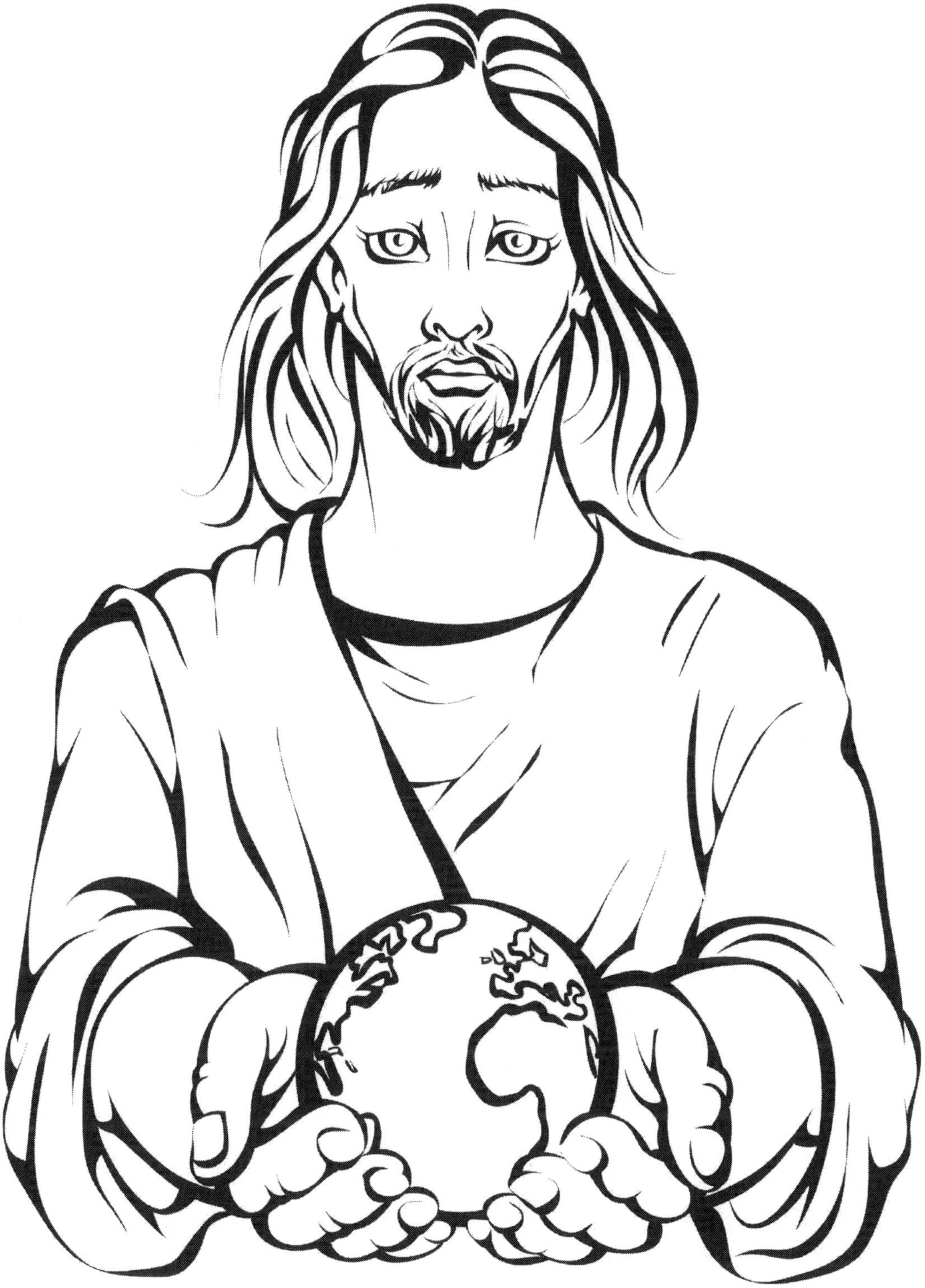

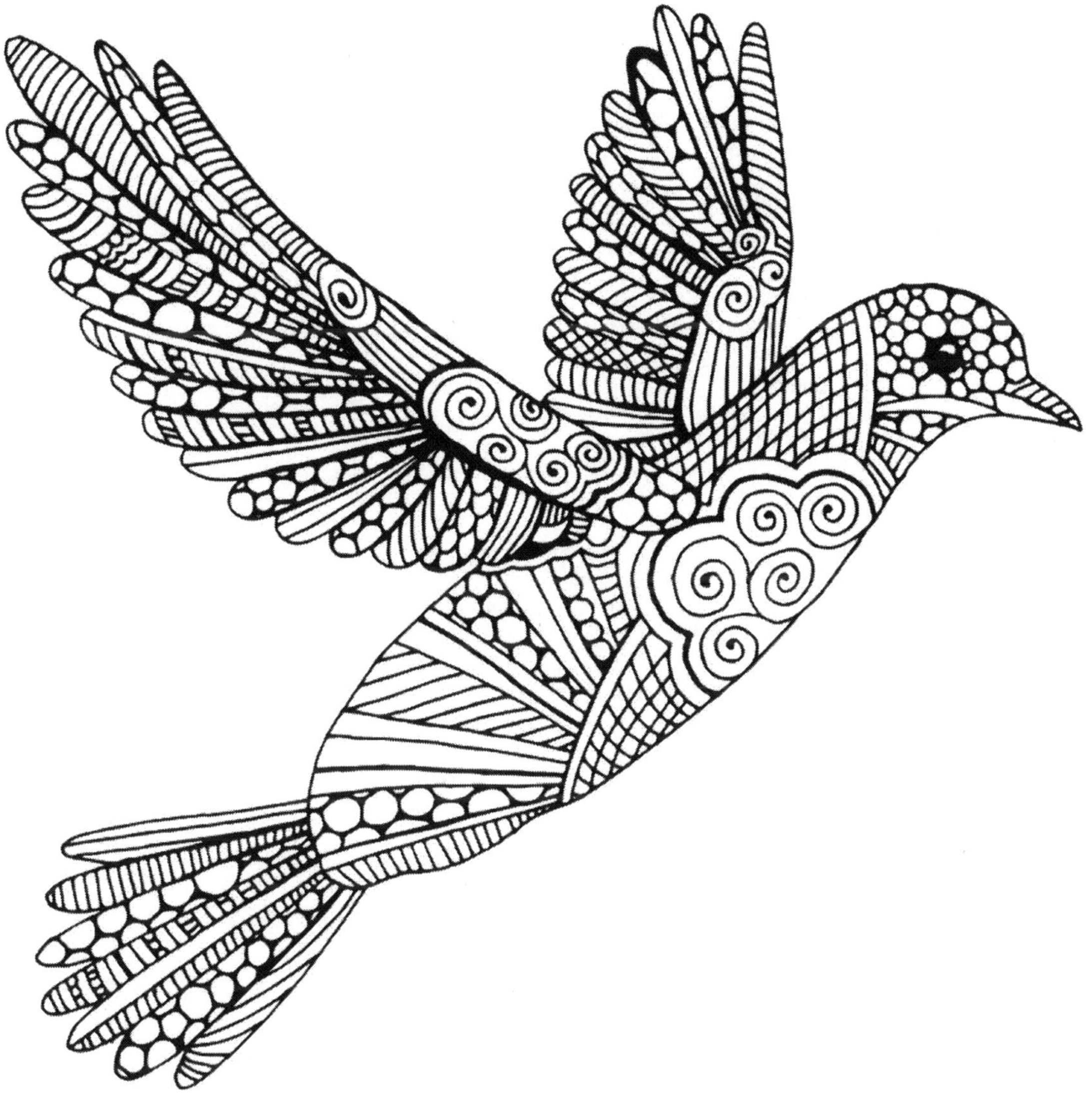

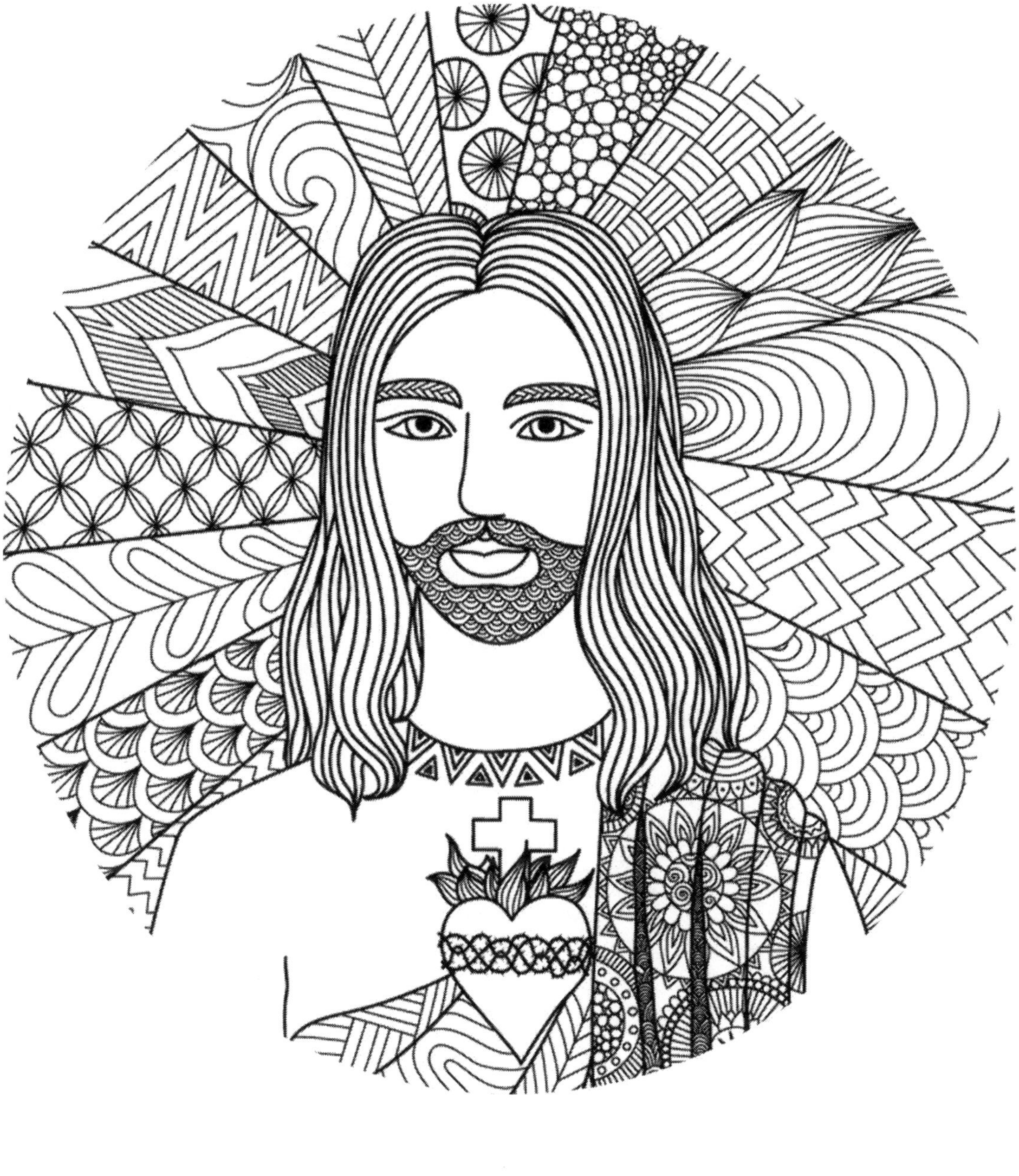

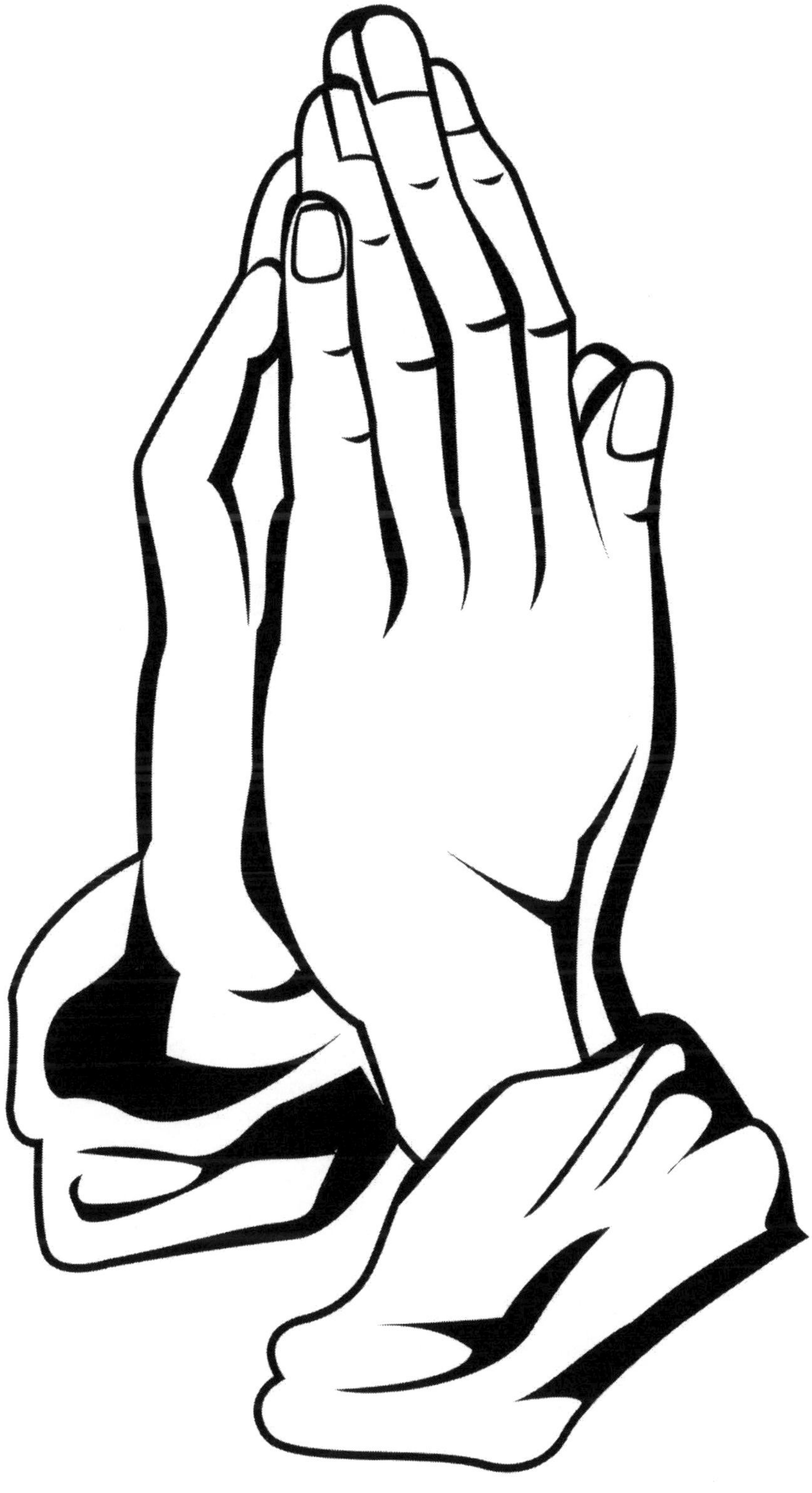

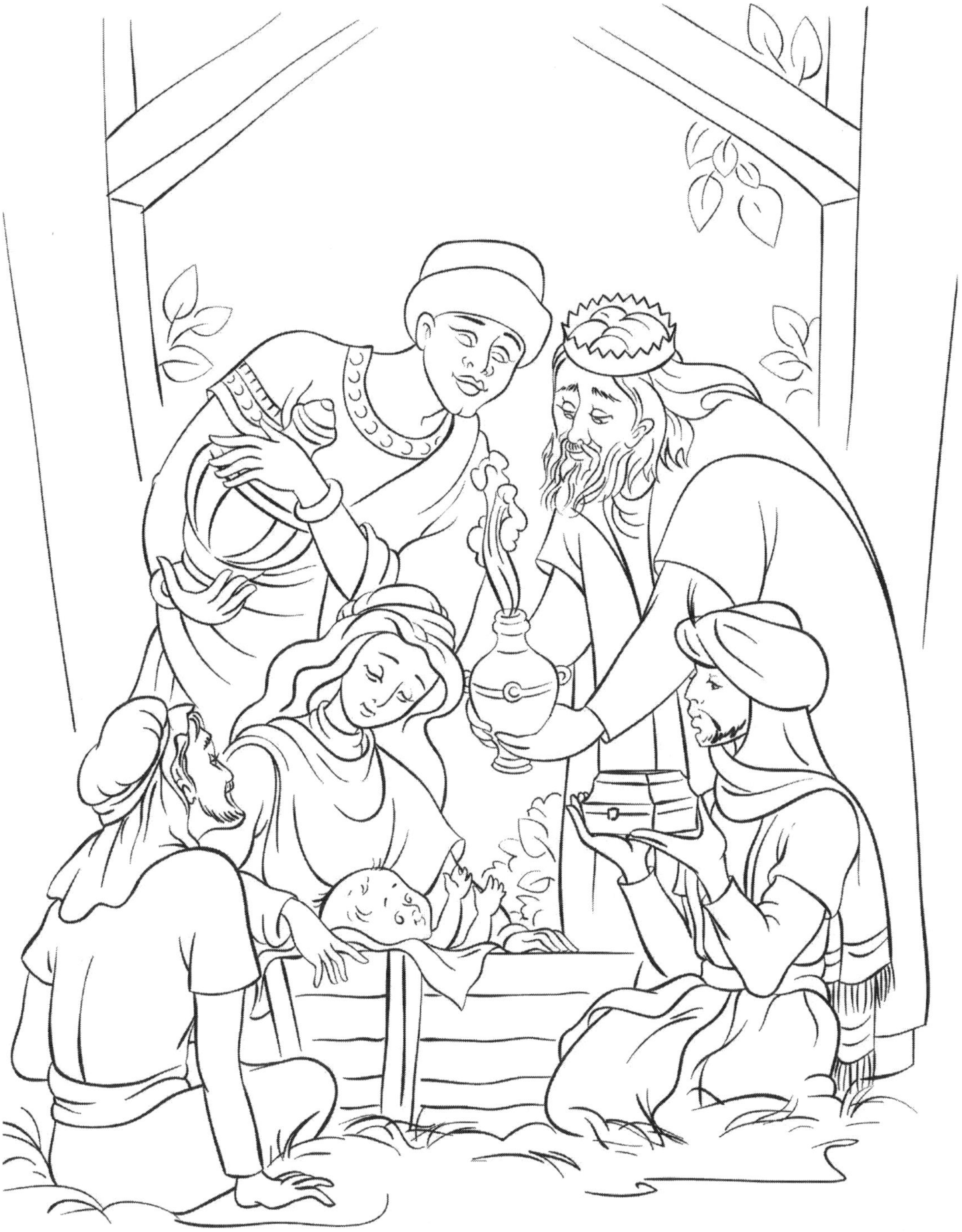

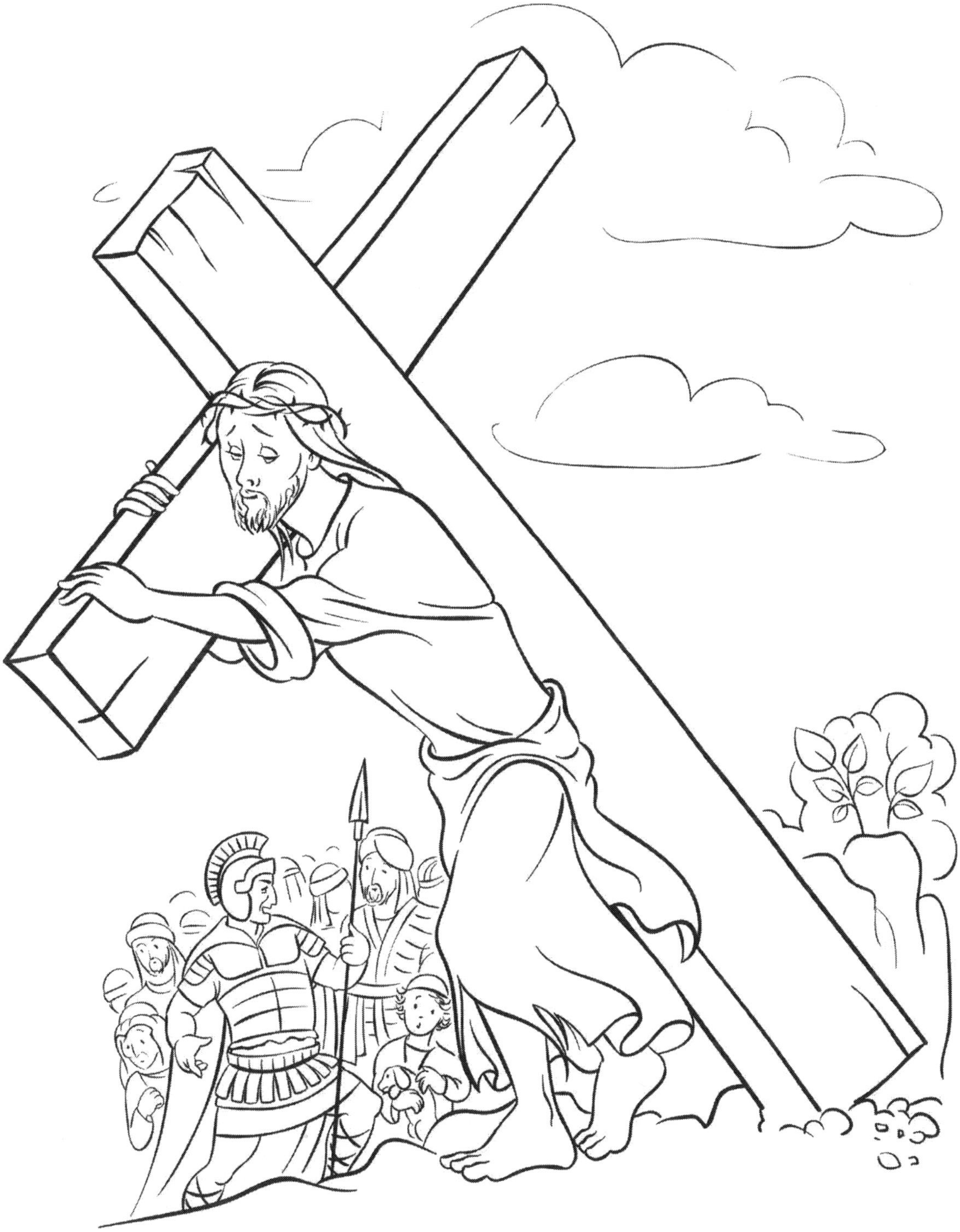

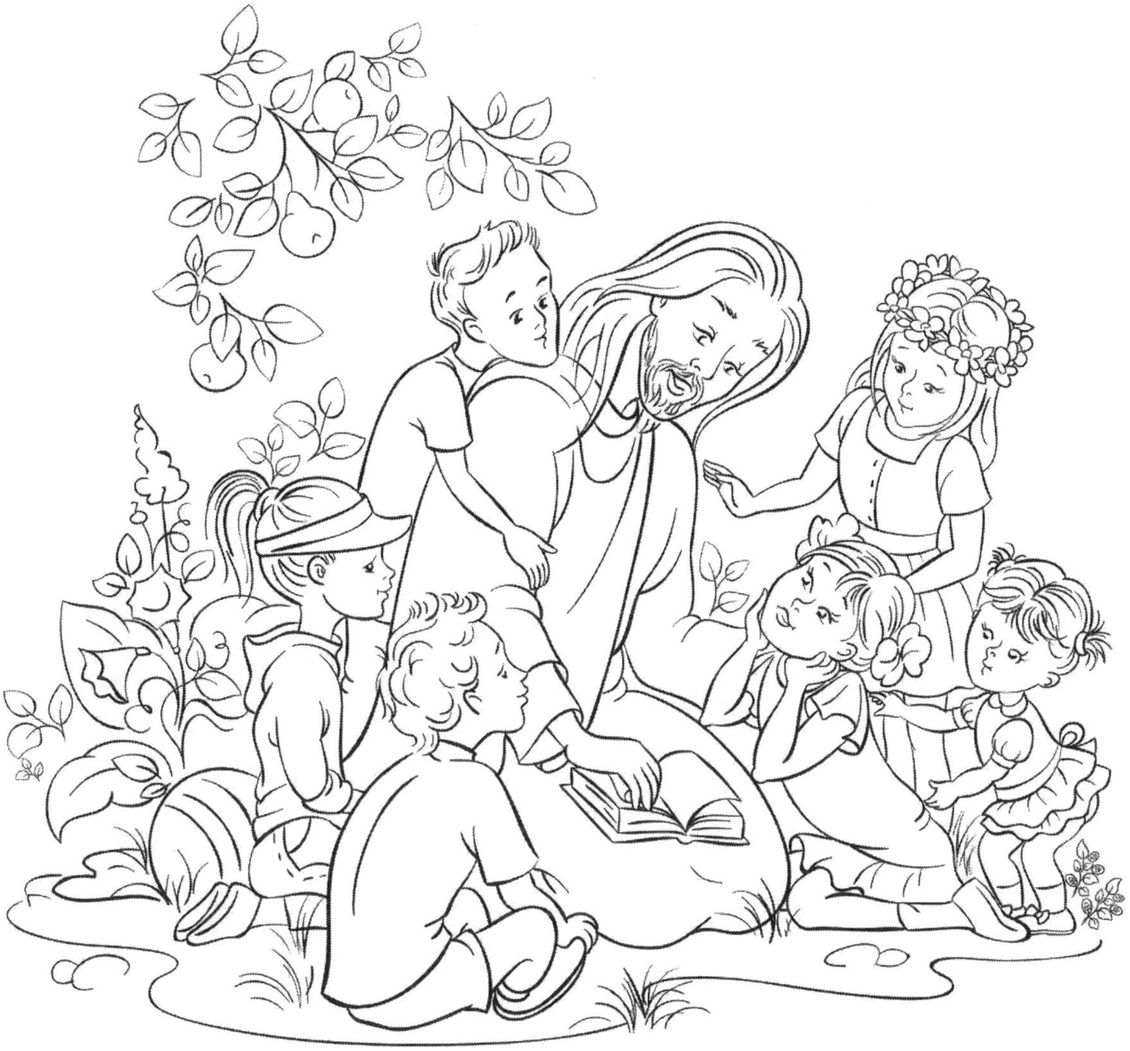

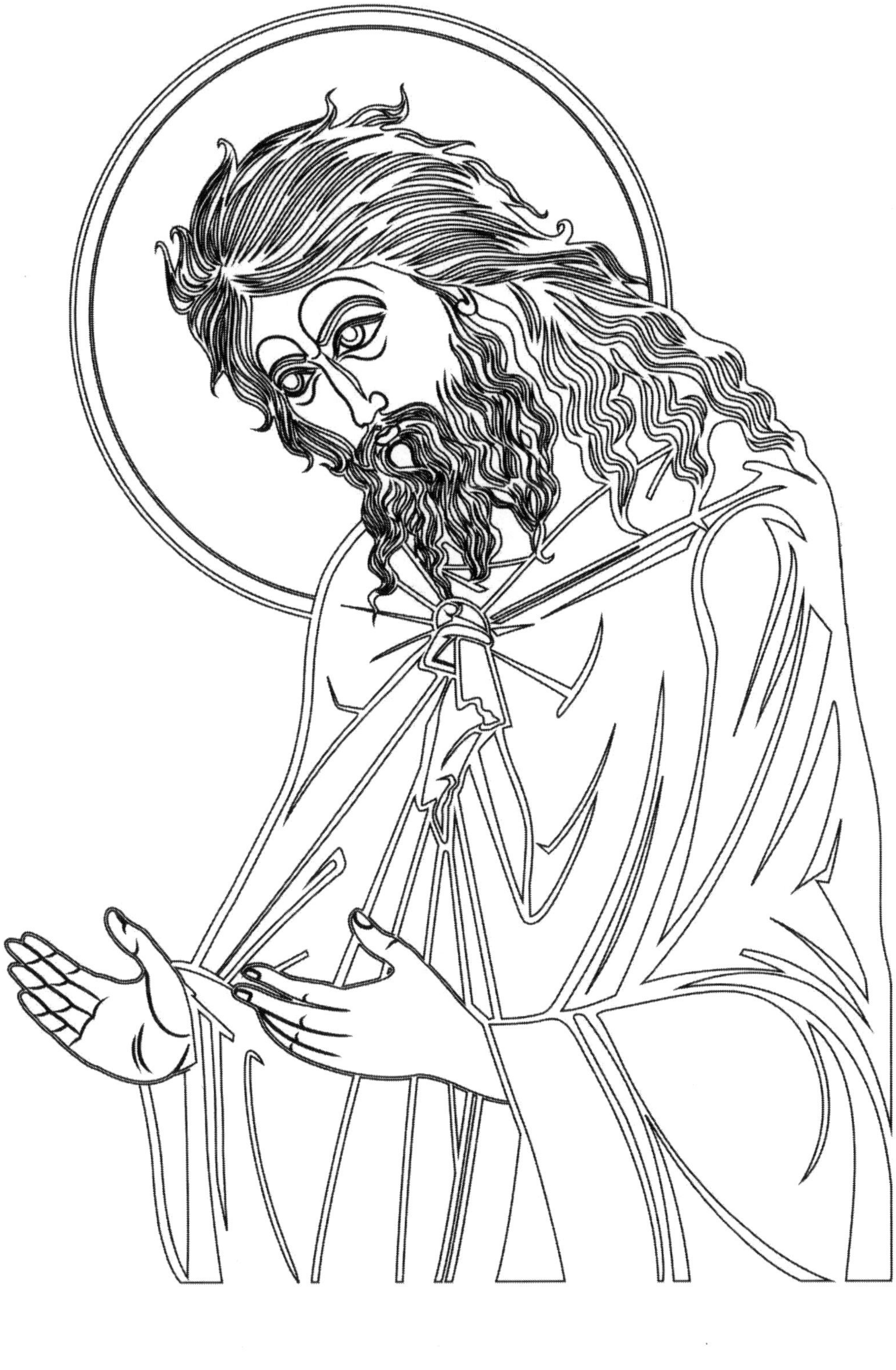

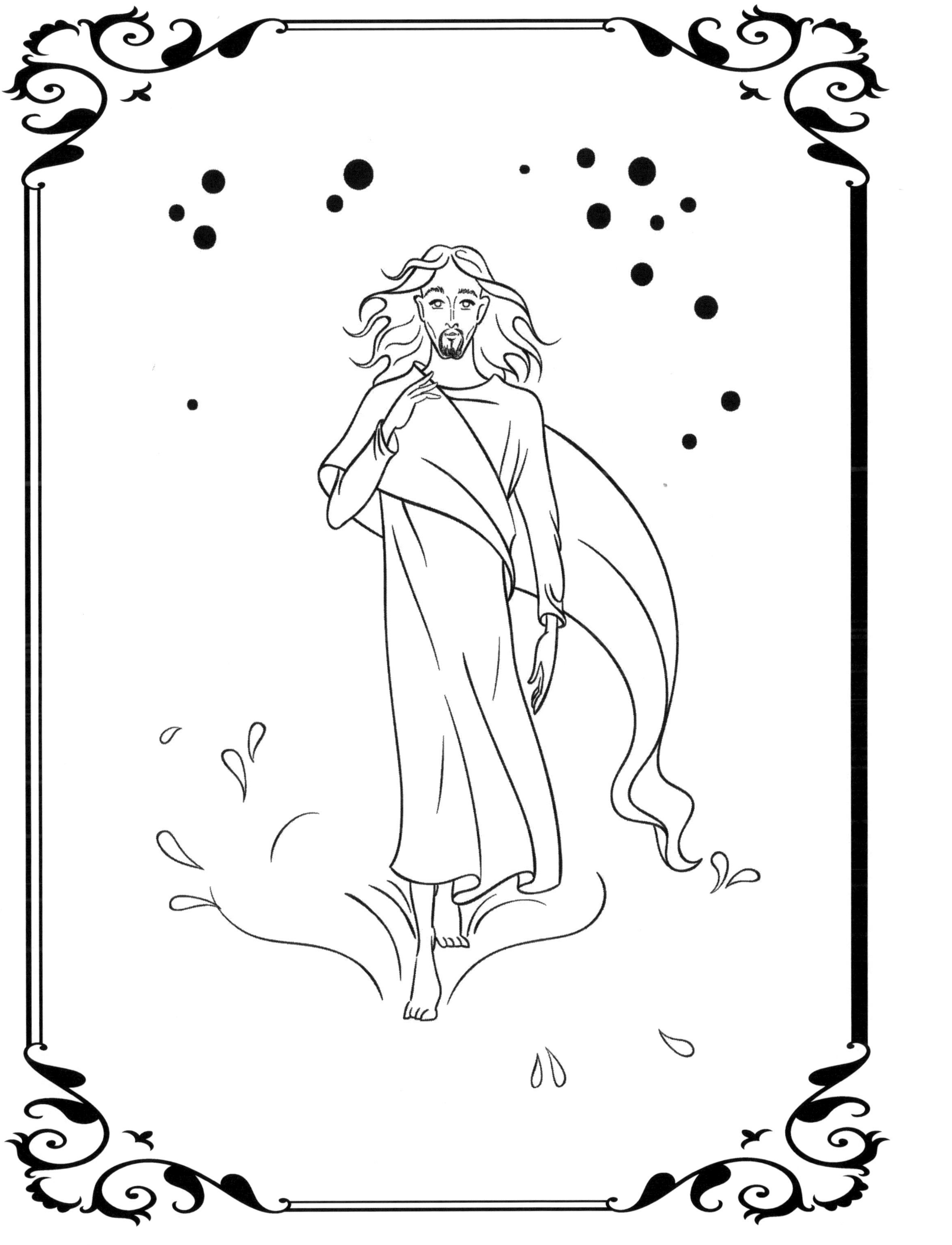

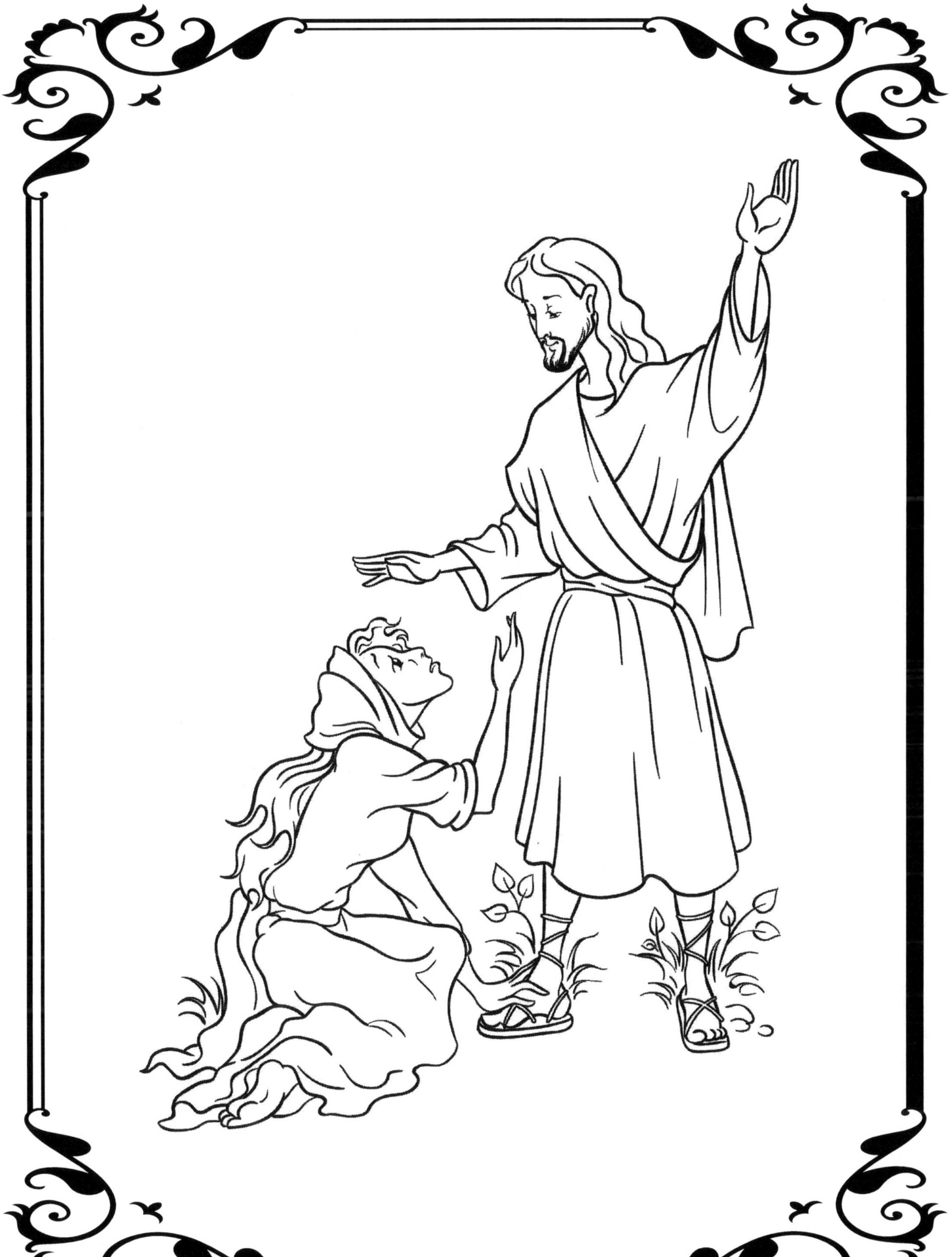

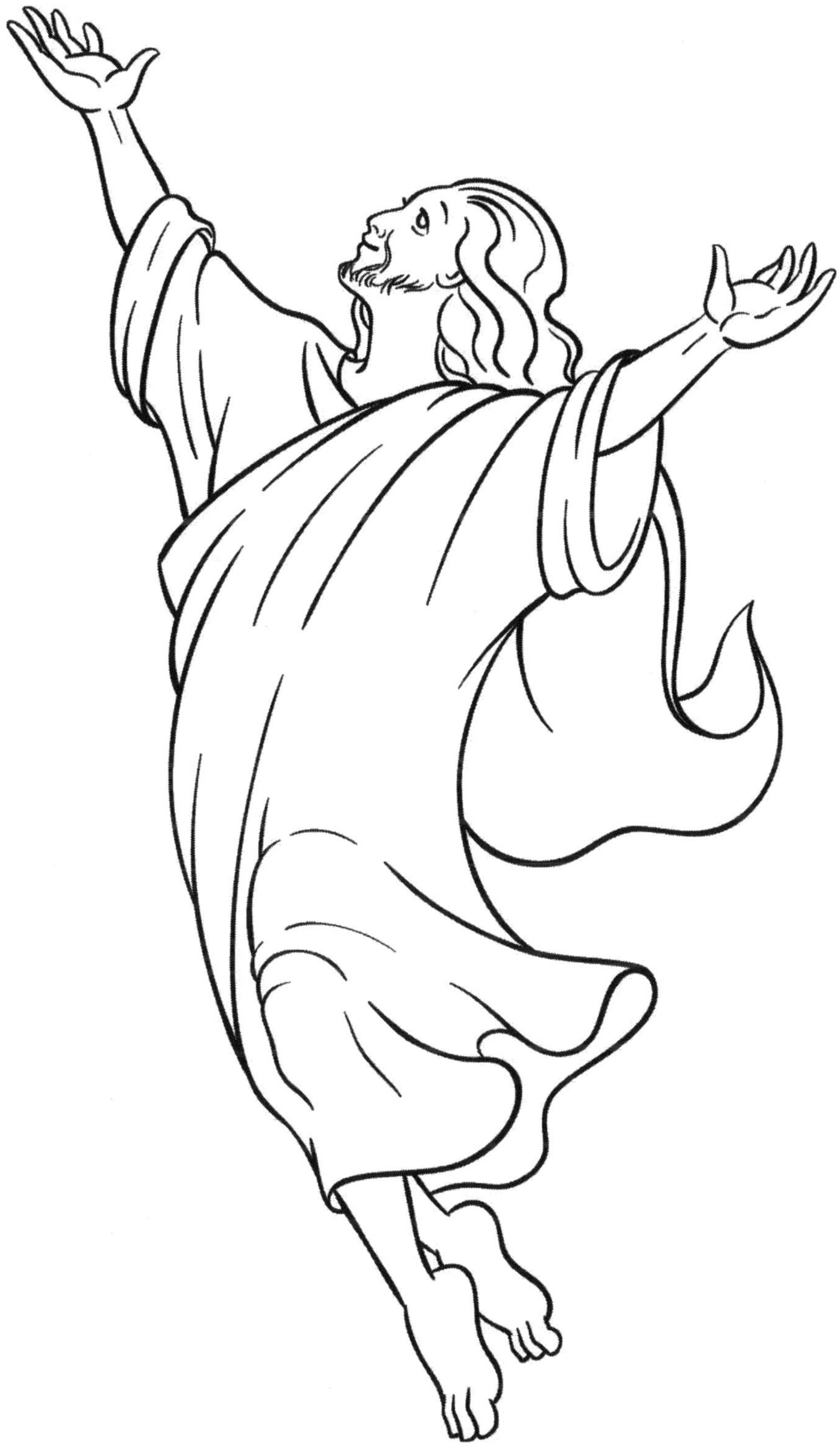

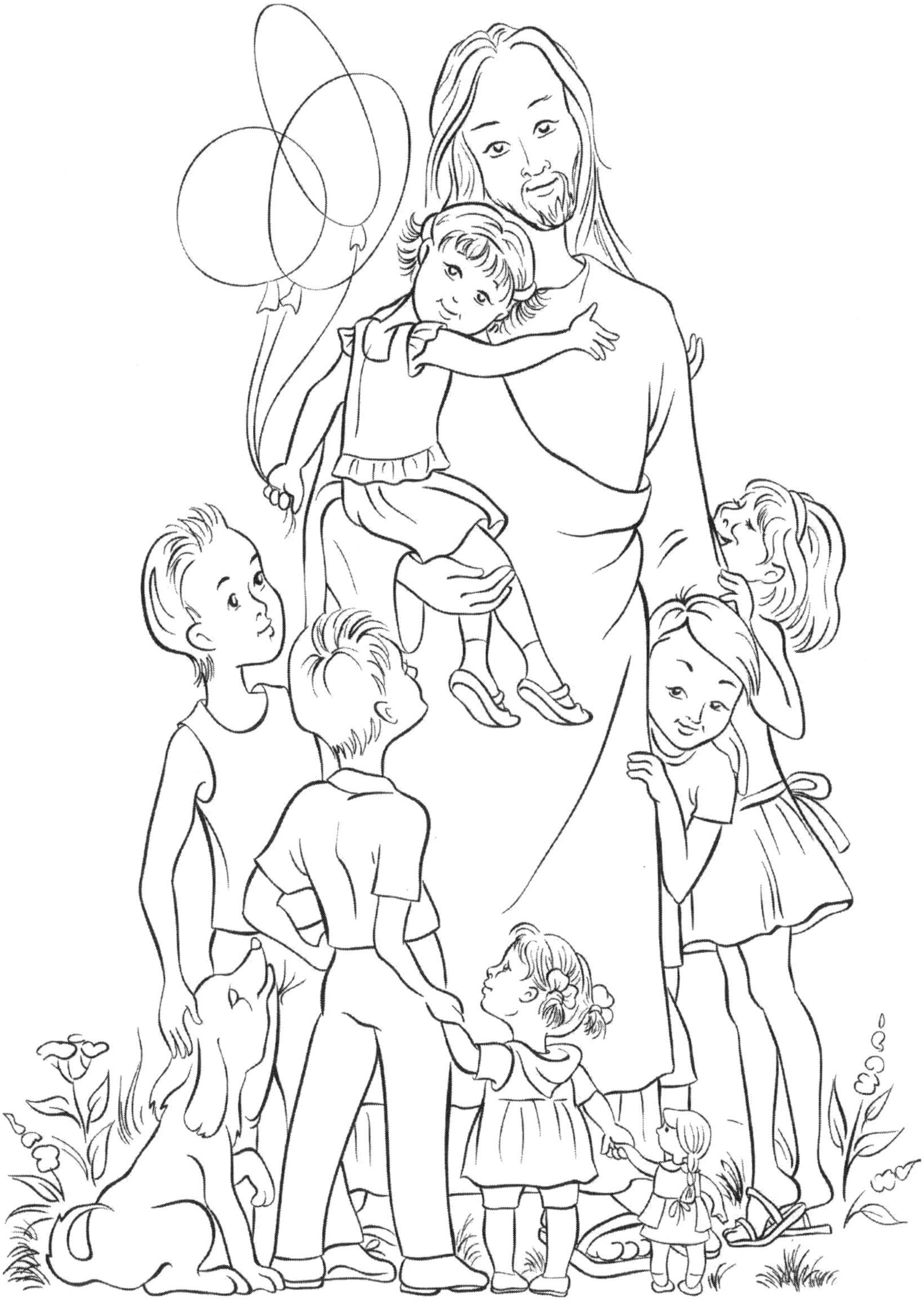

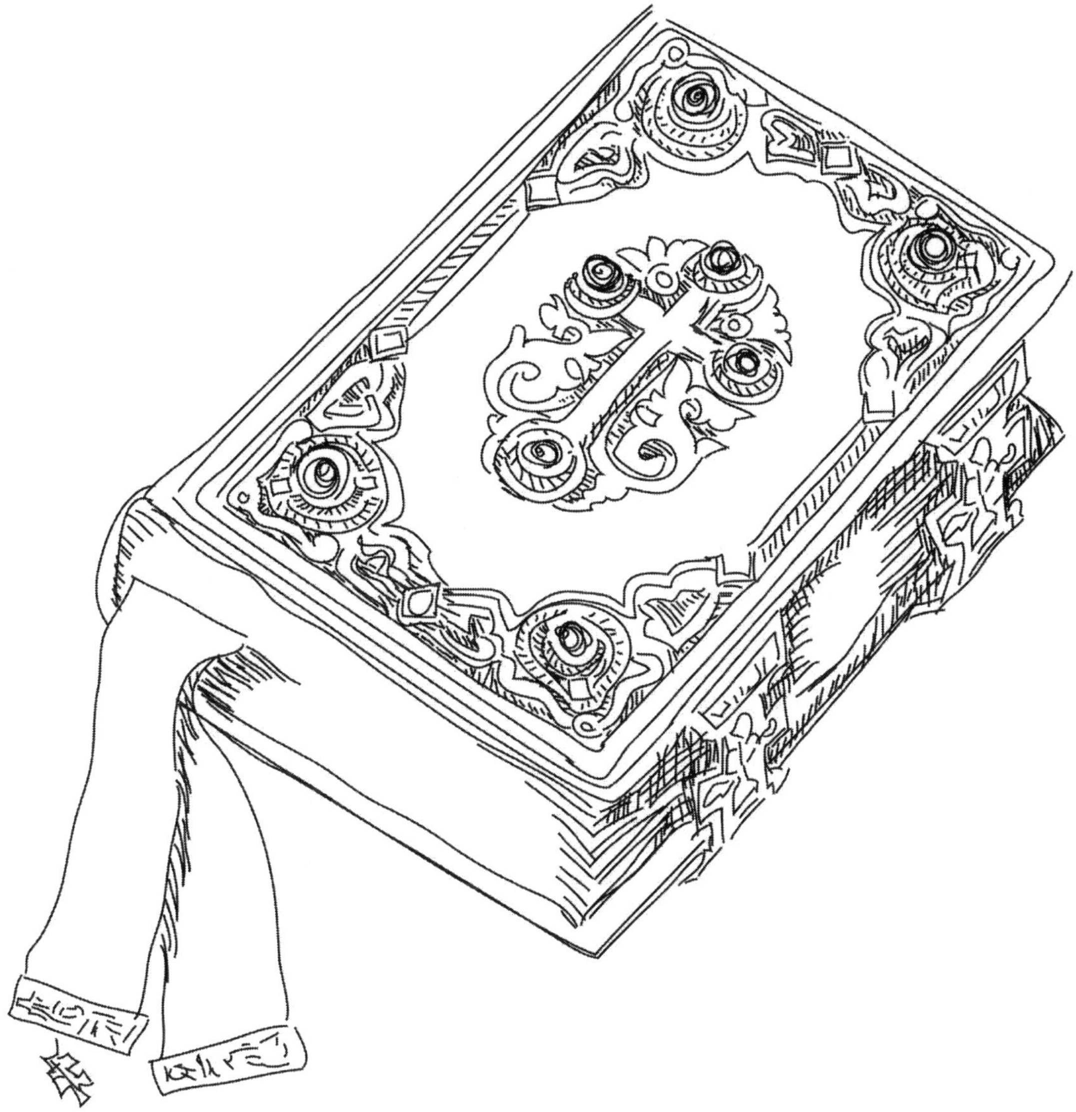

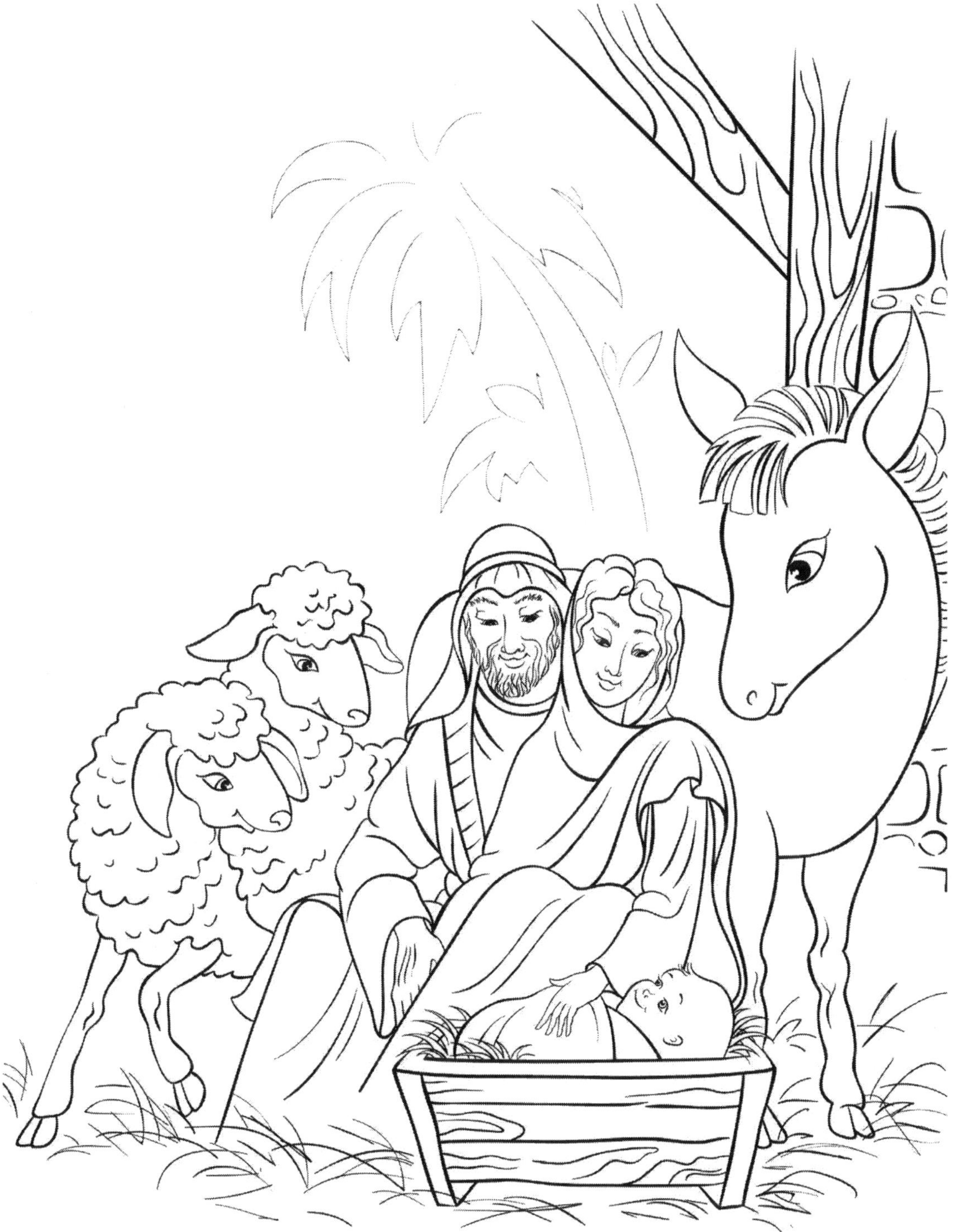

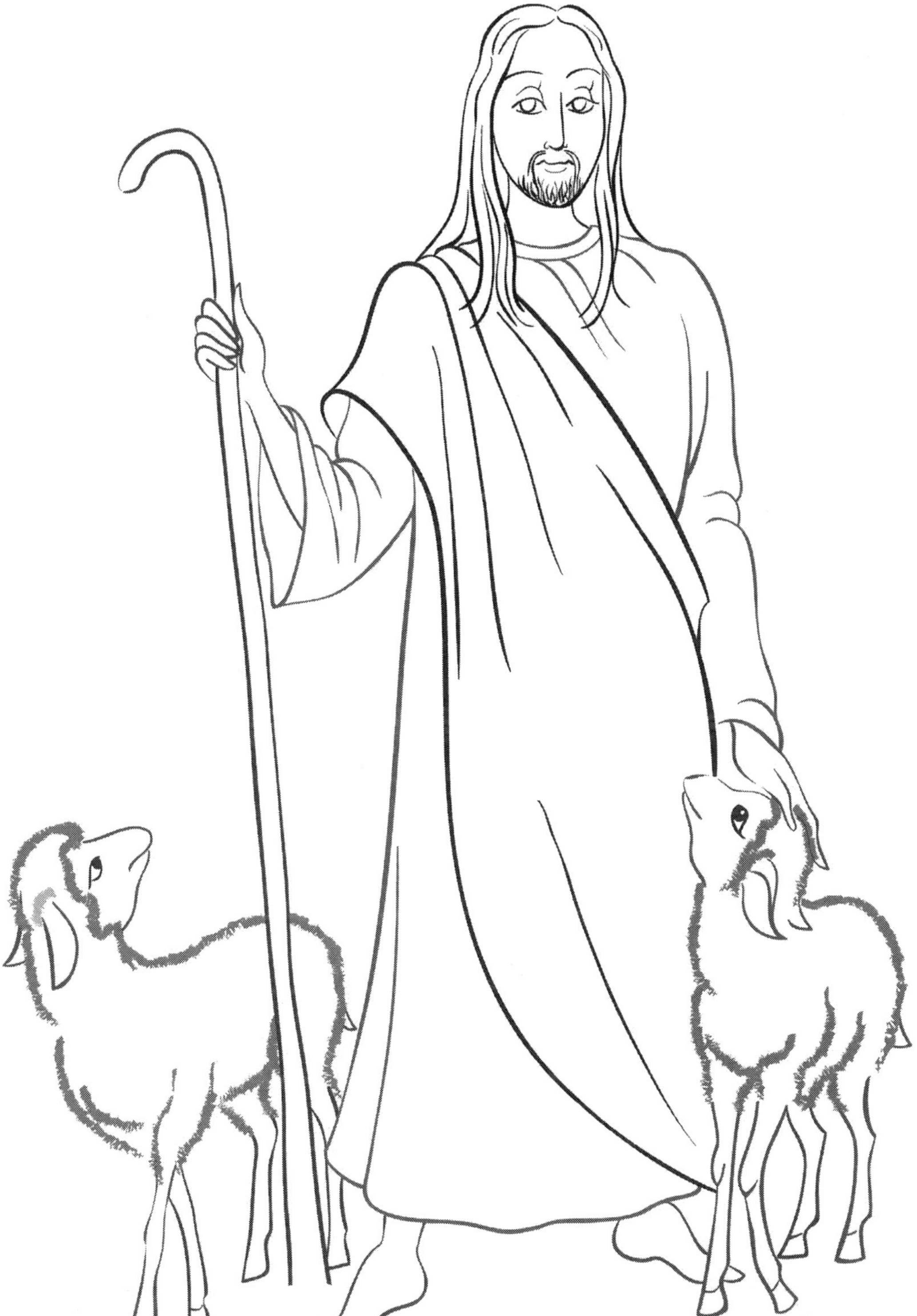

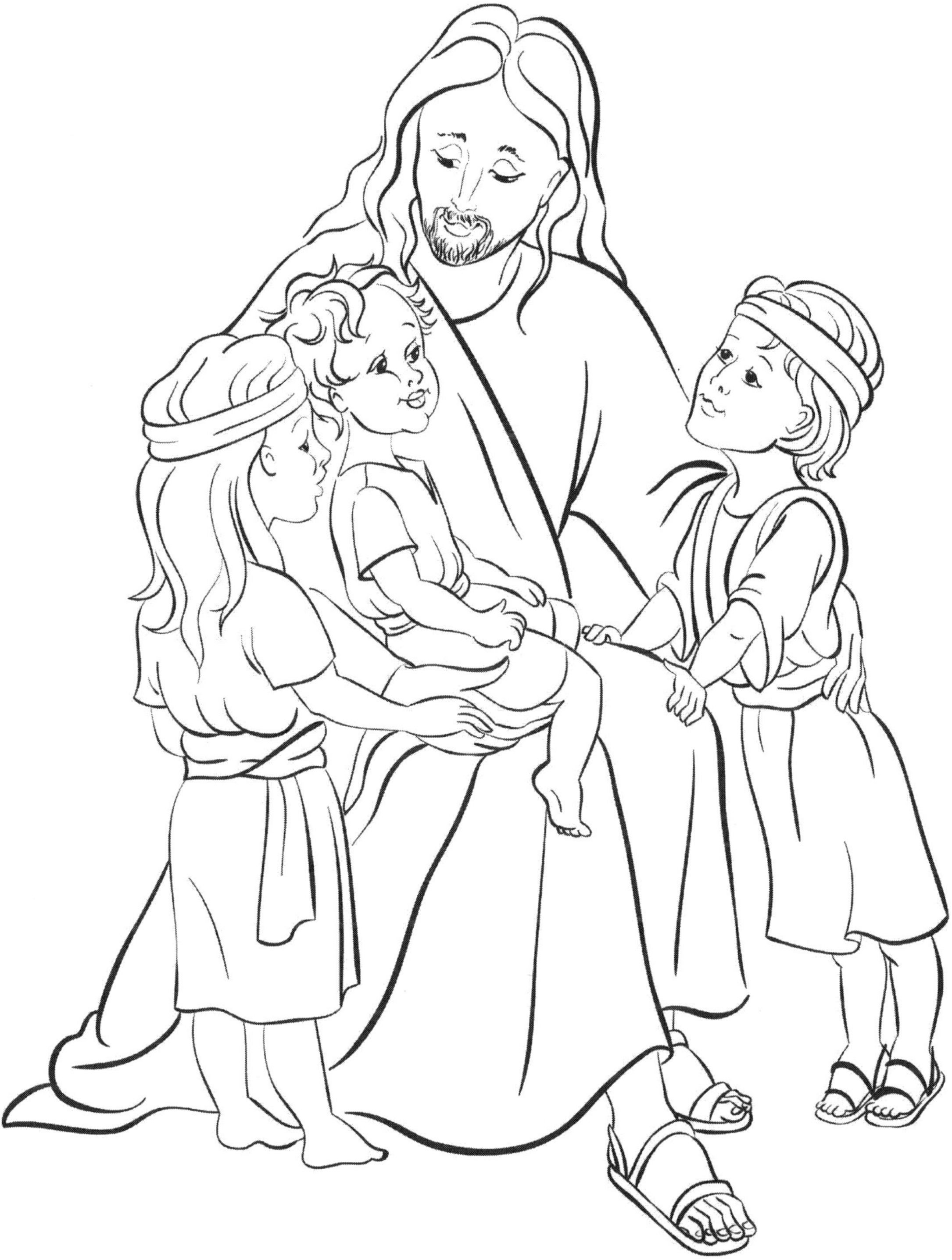

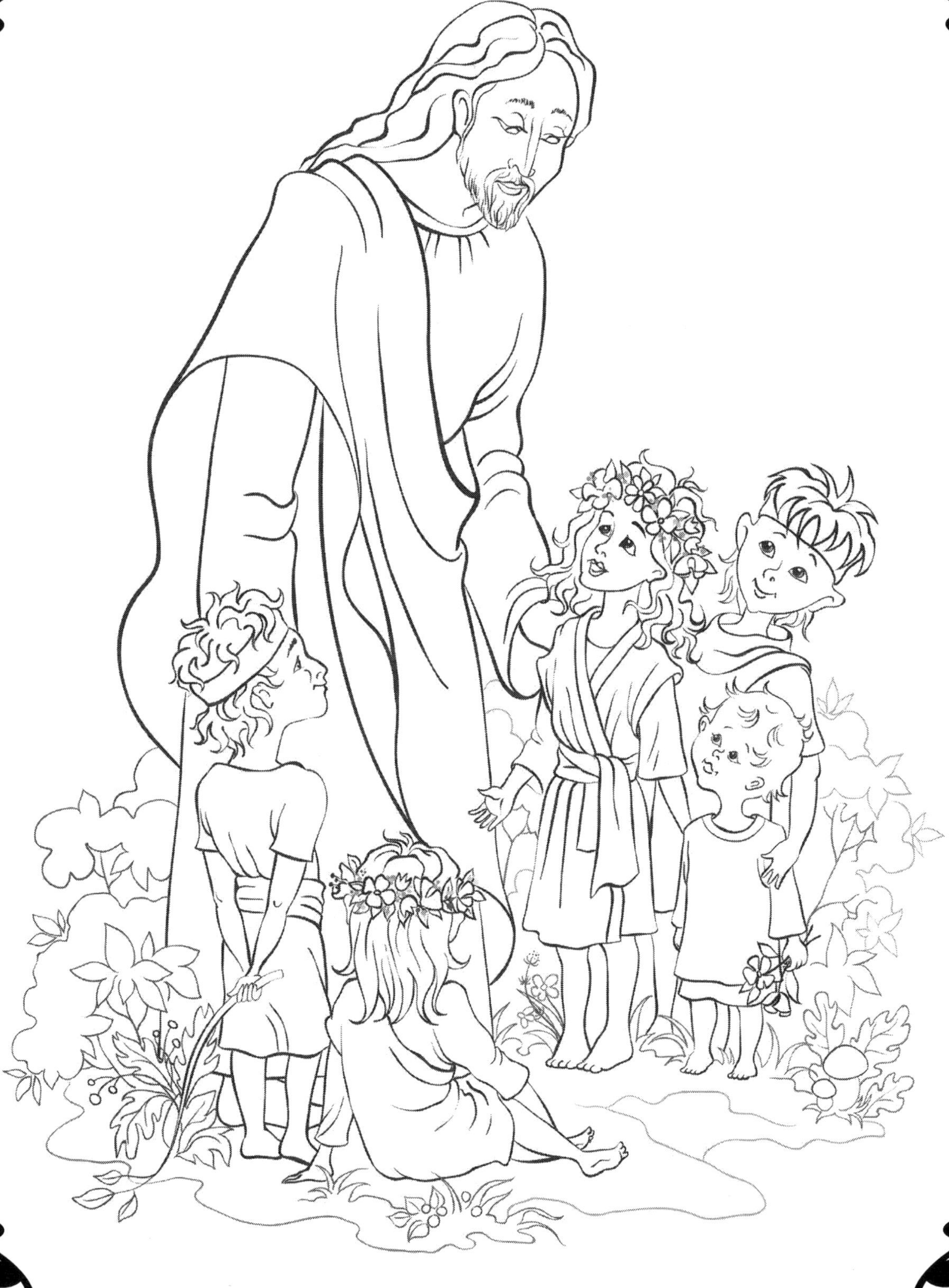

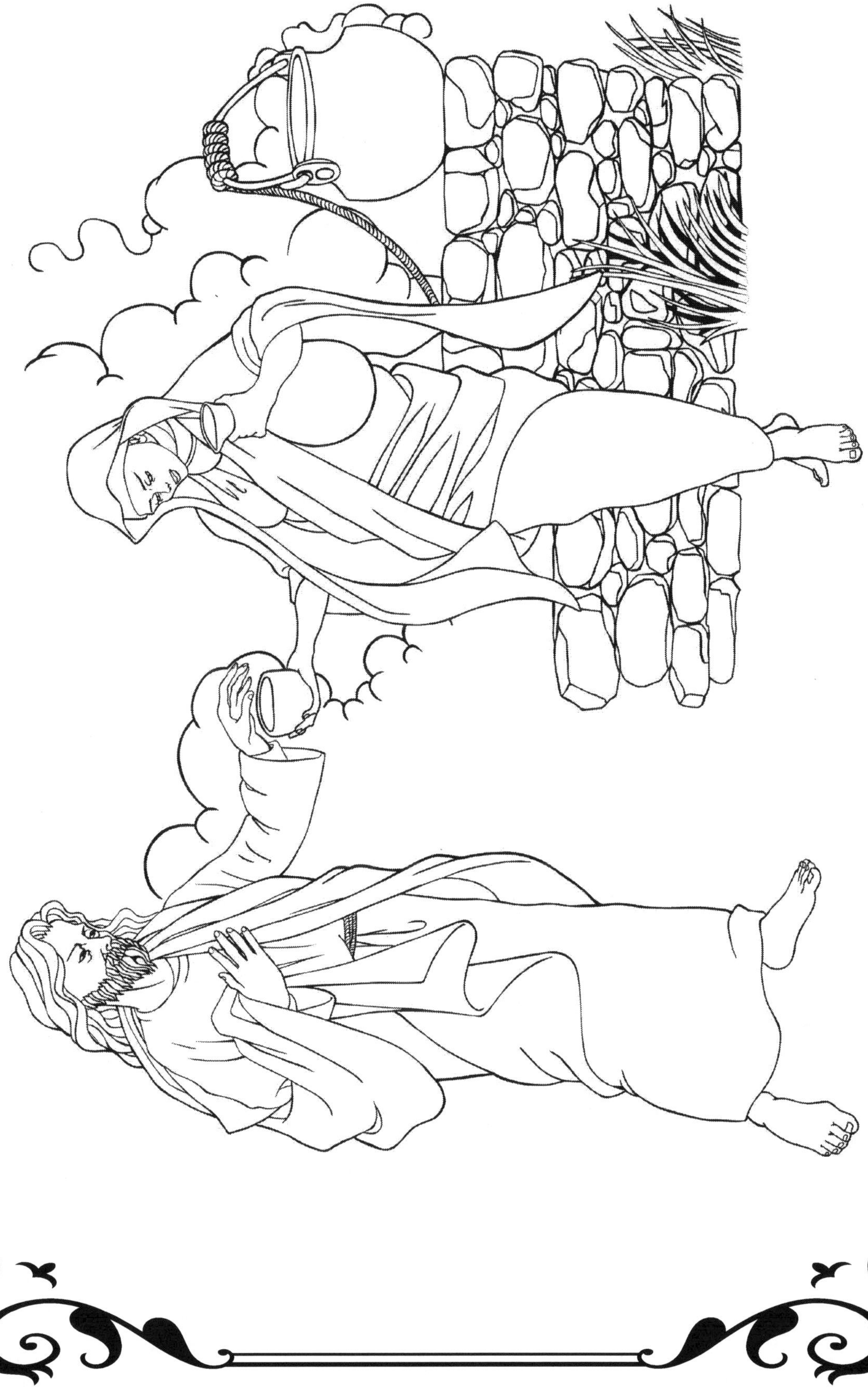

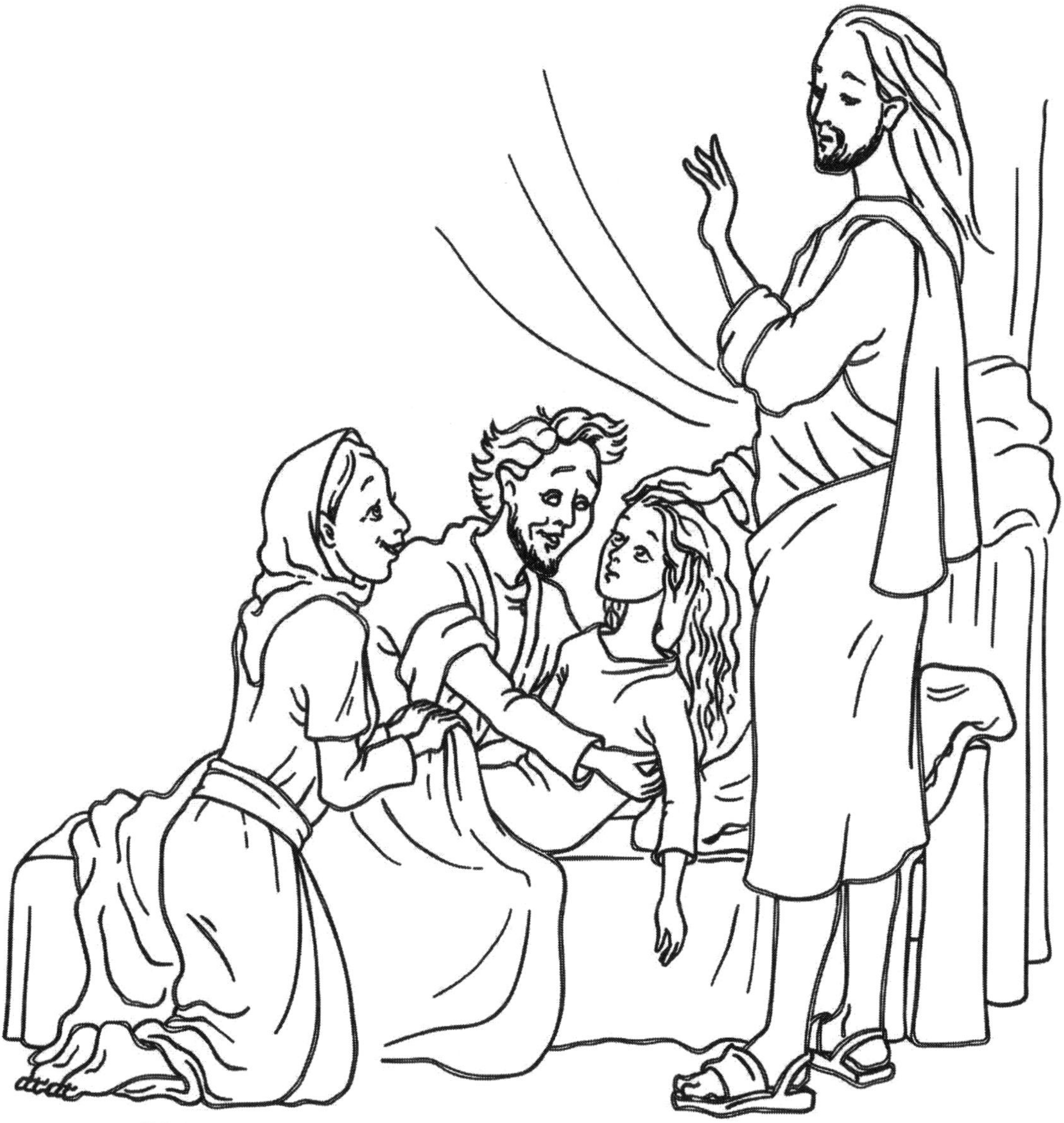

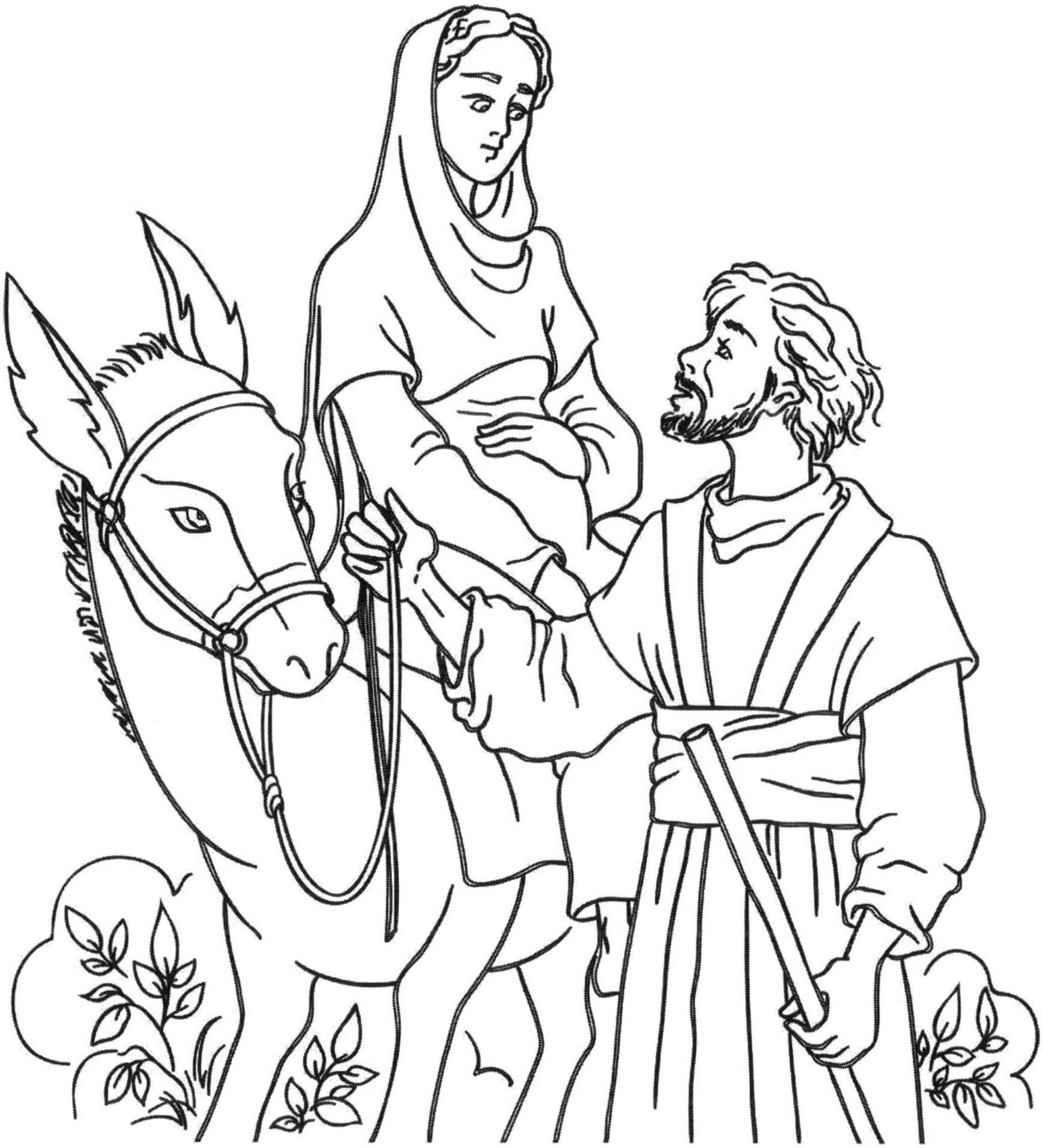

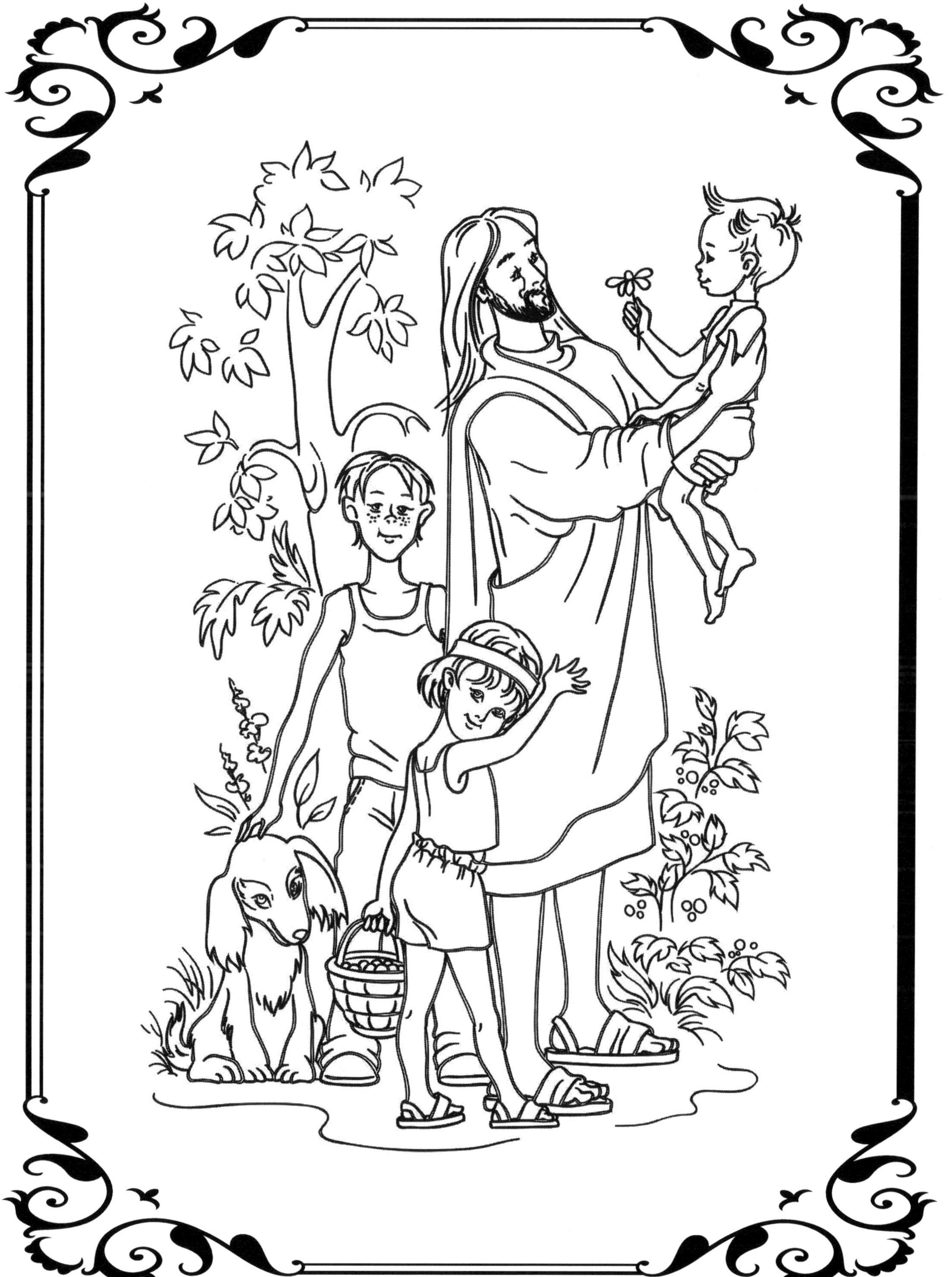

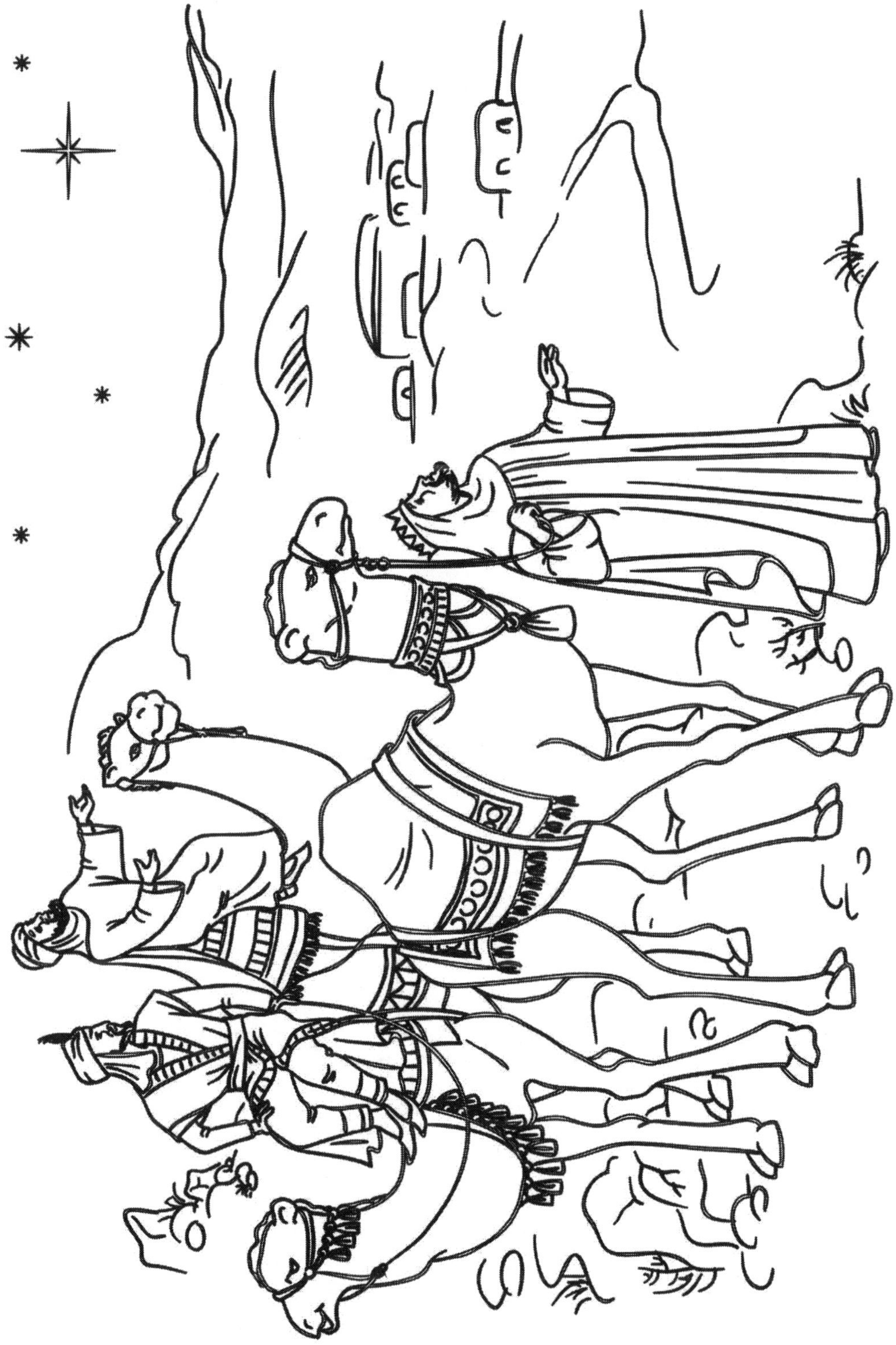

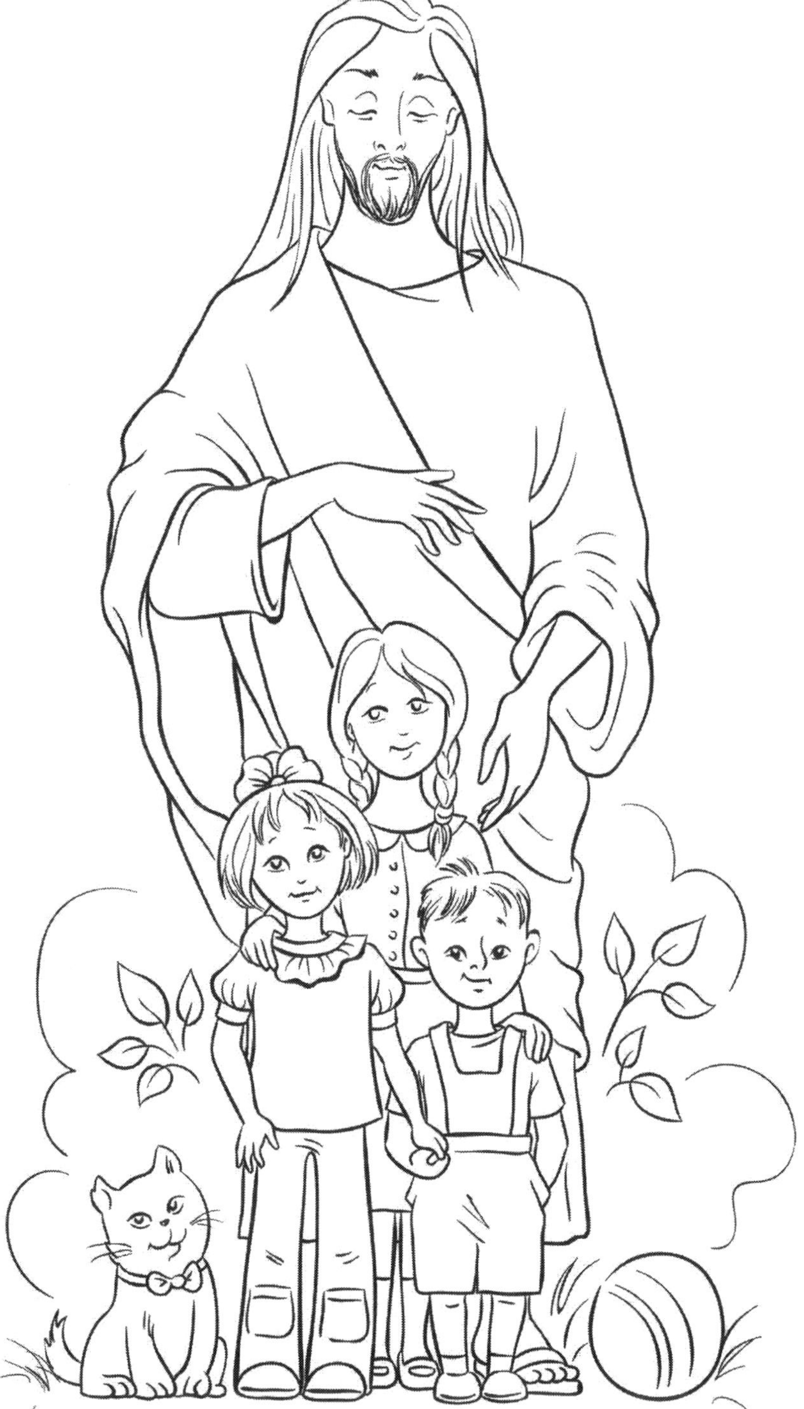

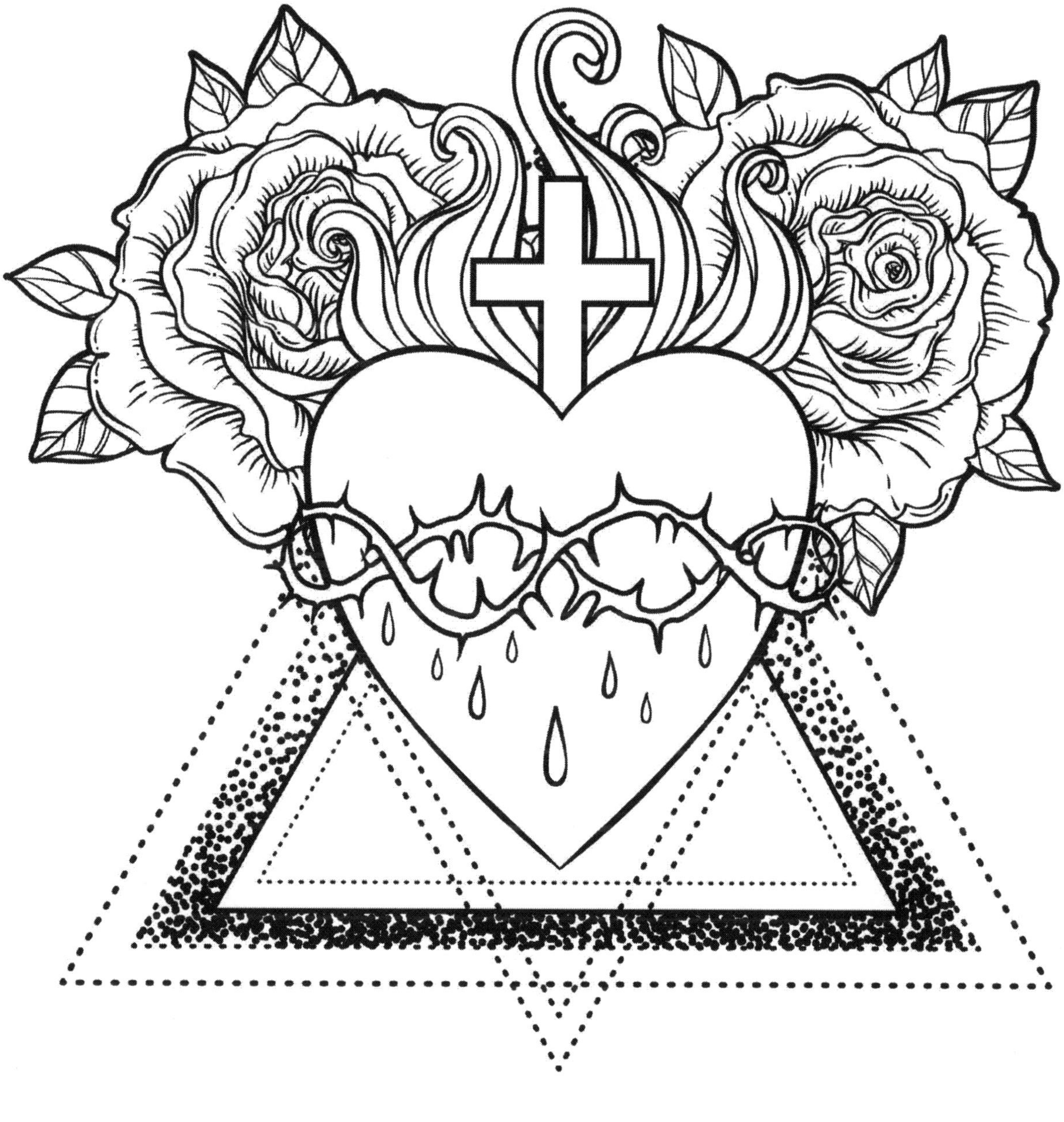

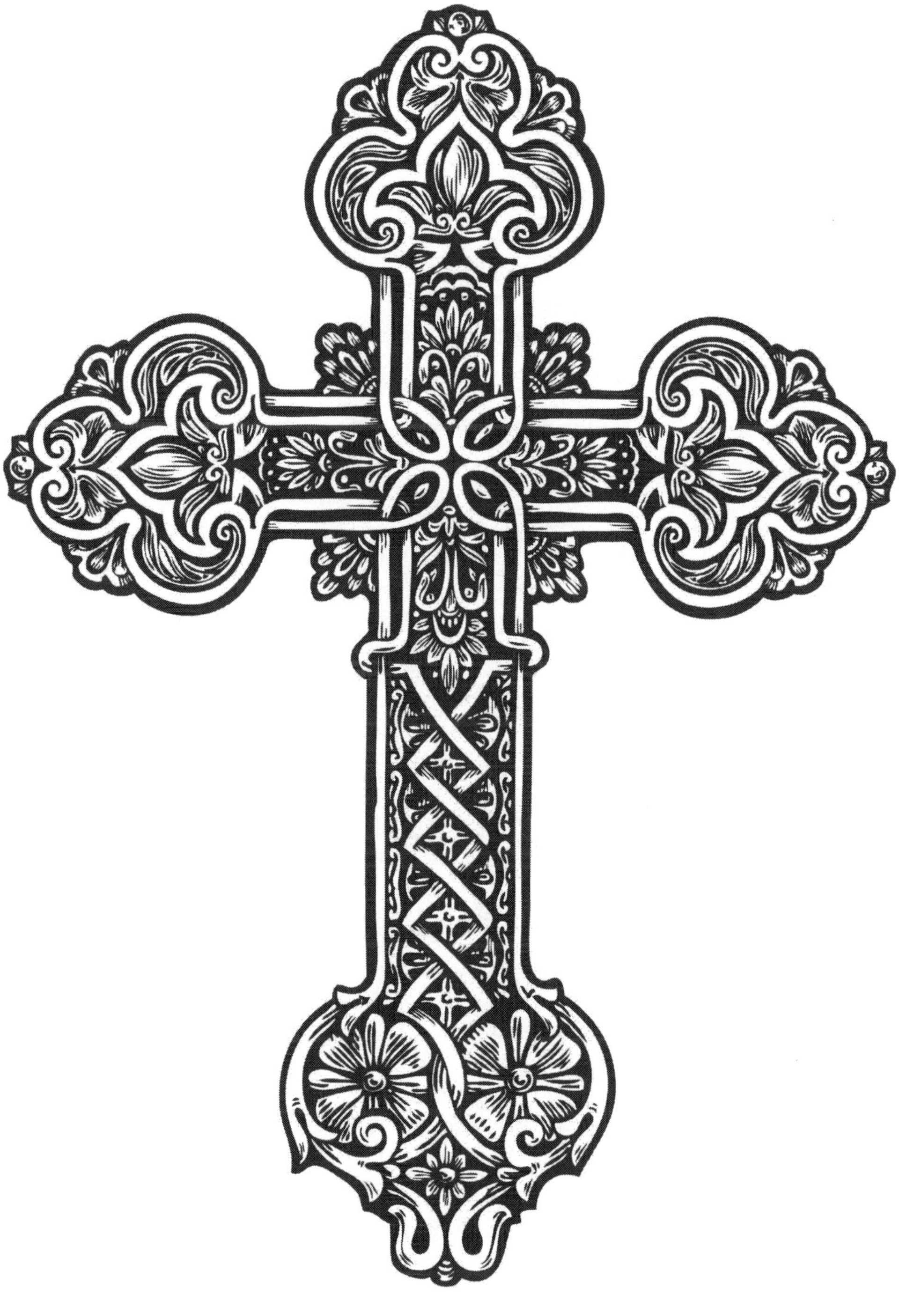

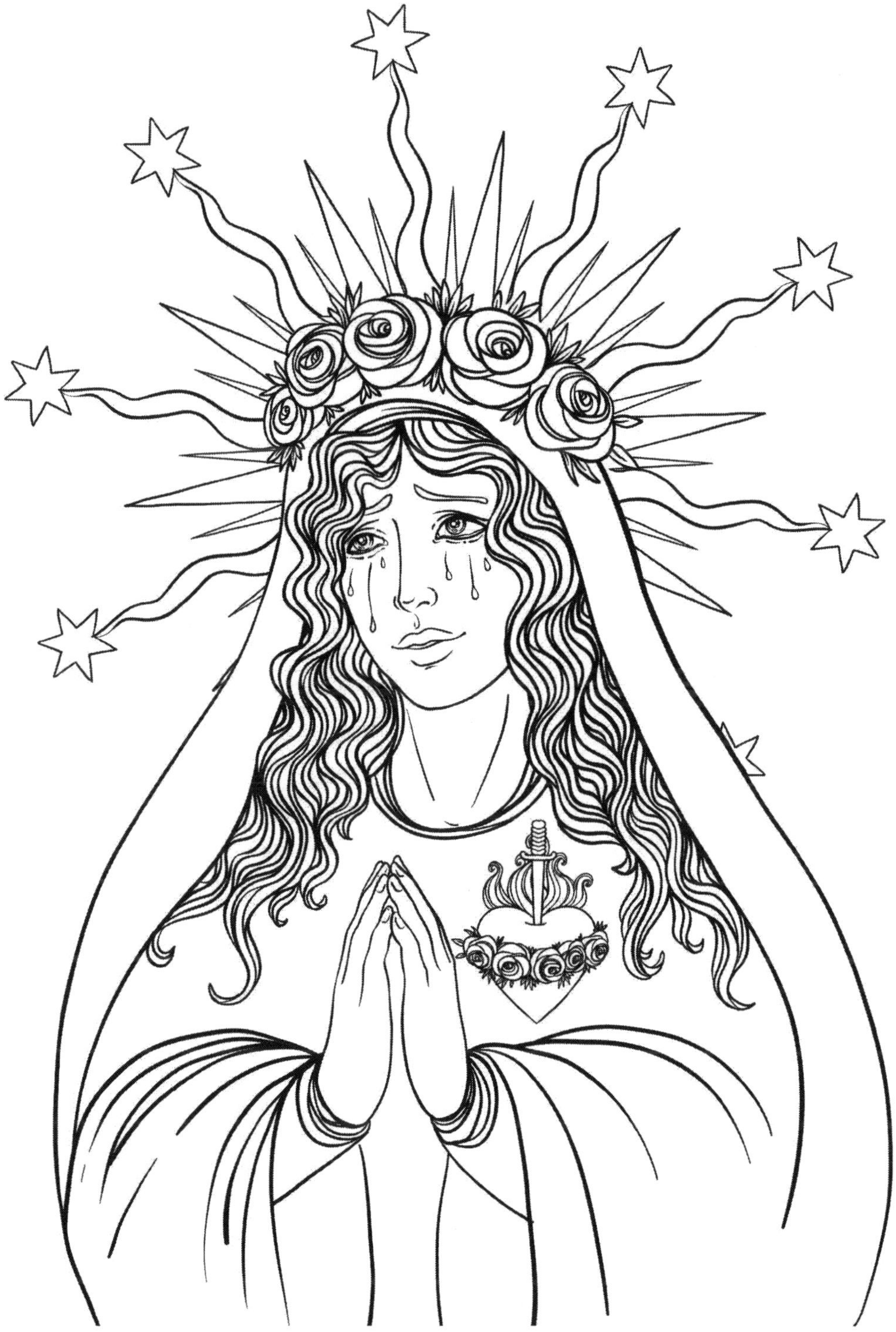

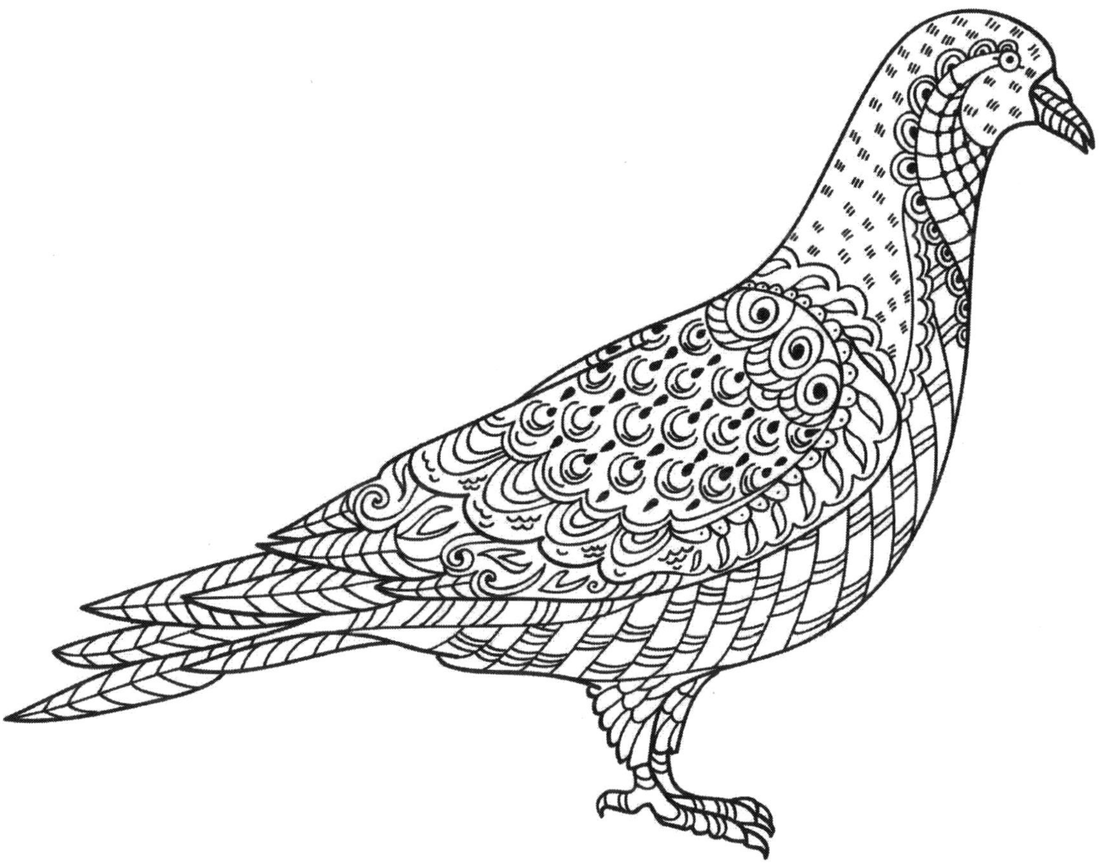

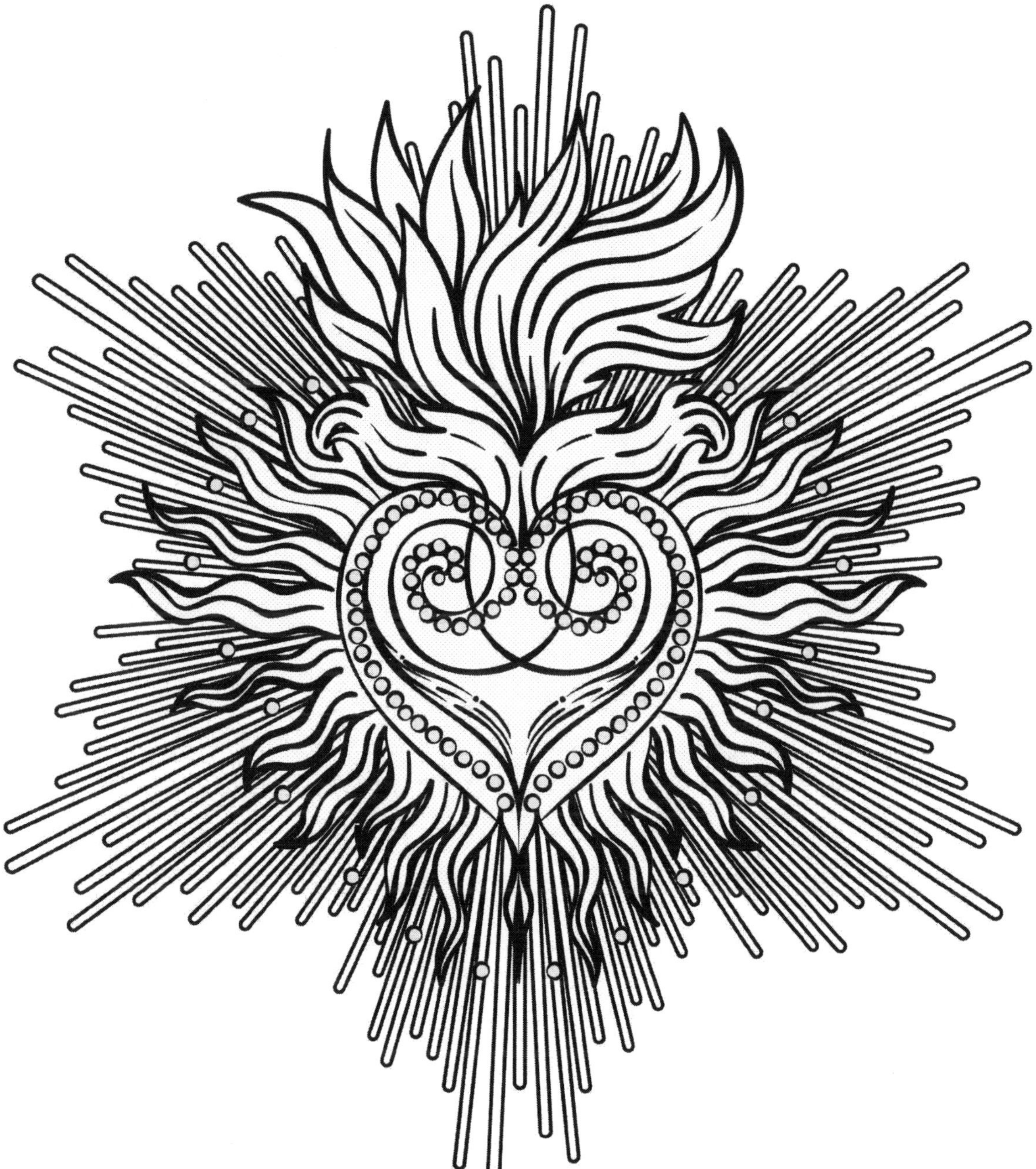

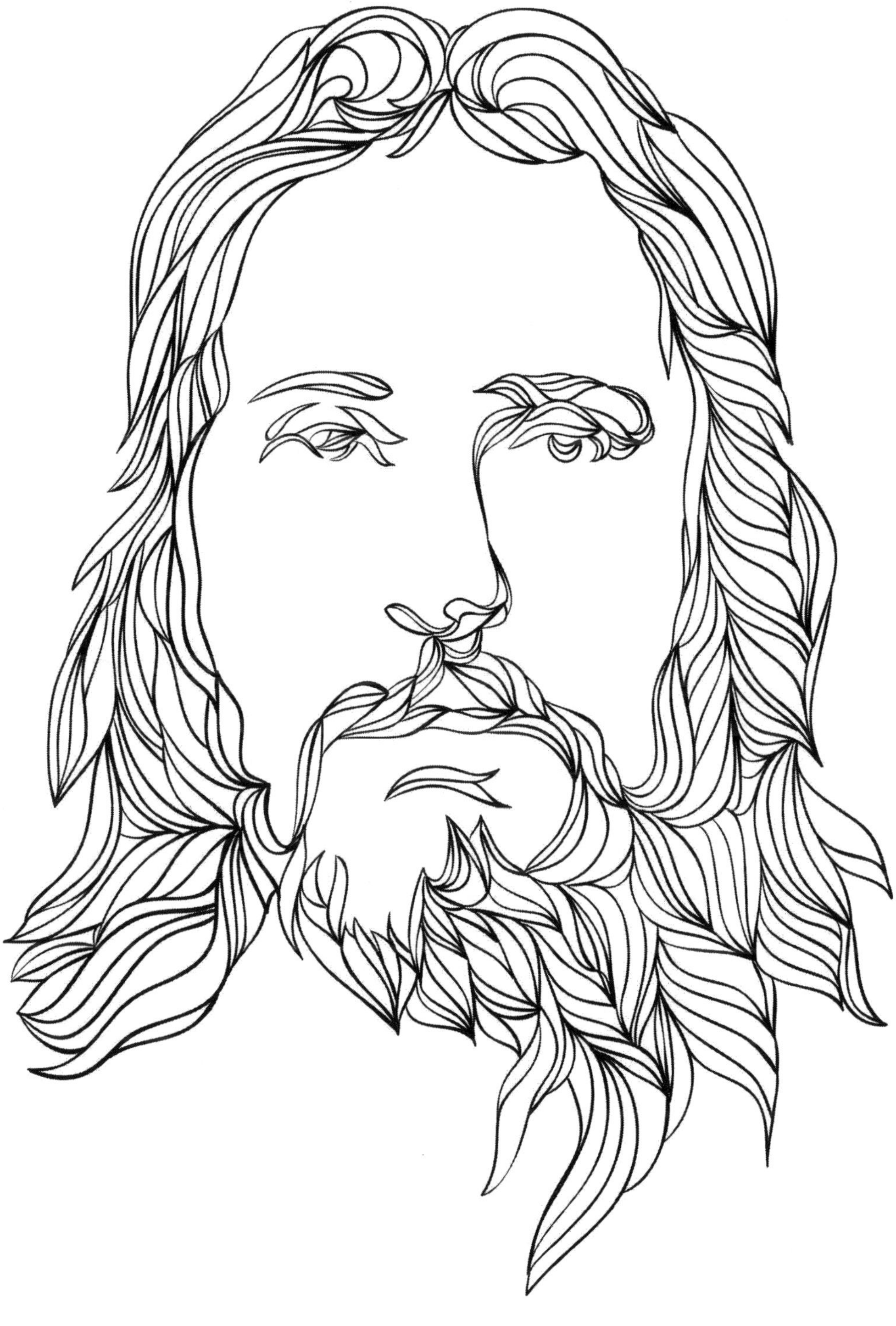

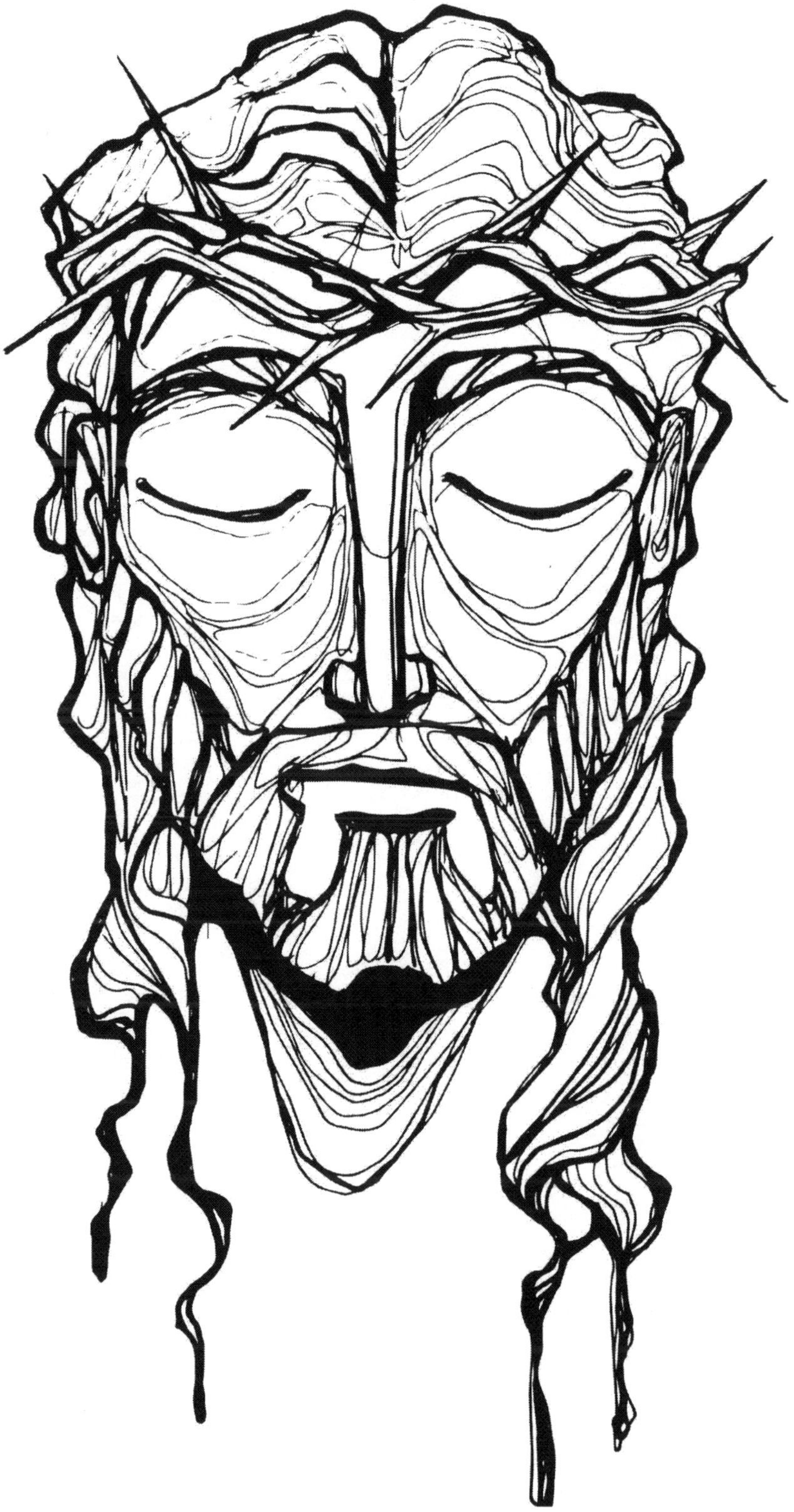

Made in the USA
Monee, IL
07 July 2026

56547363R00035